Das kleine auskotz Buch

Lasst Euch nicht weiter verarschen

Uwe Arning

Bibliografische Information der Deutschen Nationalbibliothek.
Die Deutschen Nationalbibliothek verzeichnet diese Publikation in der Deutschen Nationalbiografie; detaillierte bibliografische Daten sind im Internet über http://dnb.d-nb.de abrufbar.

2. Auflage:

Copyright © Uwe Arning,
Juli 2016

Herstellung und Verlag:
BoD - Books on Demand, Norderstedt

Lektorat: entfällt
Umschlagsgestaltung : Uwe Arning

ISBN: 978-3-7412-1046-4

Danksagung

Zu Beginn möchte ich mich bedanken.
Hier ist vor allem meine Frau Silke zu nennen, mein Bruder Volker Arning, meiner Tochter Finja sowie meinem Sohn Noah und Dr. Leonard Coldwell.
Diese Menschen haben mich inspiriert, dieses Buch zu schreiben. Vor allem meine Kinder. Wir wollen, das unsere Kinder ehrlich sind. Jetzt müssen wir Erwachsenen schauen, das wir es auch sind.

Ein juristisch notwendiger Hinweis

Das vorliegende Buch ist sorgfältig erarbeitet worden, dennoch erfolgen alle Angaben ohne Gewähr. Dieses Buch informiert nebenbei über die Entdeckung von Selbstheilungsprozessen. Die hier dargestellten Zusammenhänge zwischen Lebenshaltung und Krankheit bzw. Heilung, Politik und Regierung dienen der Selbsterkenntnis und Erweiterung des Bewusstseins. Sie können jedoch weder eine korrekte medizinische Diagnose noch eine entsprechende Behandlung ersetzen, für die im Bedarfsfall eine qualifizierte Fachperson aufgesucht werden muss. Autor und Verlag übernehmen keine Haftung für Schäden jeglicher Art, die durch die Nutzung der Buchinhalte und die Missachtung dieses Hinweises entstehen sollten.

Inhaltsangabe

Eine Inhaltsangabe gibt es nicht, da es keine Rolle spielt. Ich werde Euch sagen bzw. schreiben, was mein Herz mal aussprechen möchte. Was mein Kopf und Verstand daraus macht, weiß ich vorher nicht. Ich möchte auch, dass alles gelesen wird. Wenn es eine Inhaltsverzeichnis geben würde, dann lesen einige nur das, was Sie glauben, das könnte interessant sein.

OK!!!

Ich fange an, mich auszukotzen

Bevor ich anfange, möchte ich mich bei Ihnen bedanken, dass Sie mein Buch gekauft haben. Es mag sein, dass Sie während des Lesens denken, der Autor ist nicht normal. Das freut mich dann sogar, weil ich nicht wie die Masse sein möchte. Eventuell erkennen Sie sich selber ein wenig wieder. Vielleicht spreche ich das mal aus, was viele sich nicht trauen. Viele haben auch ein Ego oder Imageproblem bzw. Angst zu sagen, was Sie denken. Das kann ich gut verstehen, weil man in Deutschland heute im Jahr 2016 seine wirkliche Meinung nicht öffentlich kundtun darf.

Es darf nur gesagt werden, was gehört werden soll.

Aus diesem Grund schreibe ich bzw. habe ich dieses kleine Buch geschrieben.

Das Buch ist auch nicht durch ein Lektorat verändert oder korrigiert worden. Ich mache Fehler beim Schreiben und dazu stehe ich. Es muss nicht immer alles perfekt sein. Wenn ich Fehler mache, dann lerne ich daraus. Fehler machen wird aber leider schon in der Schule verteufelt. Es wird nur geschaut, das hast Du falsch gemacht und das und dies auch noch. Fehler erkennen und korrigieren ist richtig, aber es muss anders behandelt werden.

Kurz mal schauen, was falsch ist, ist wie gesagt in Ordnung, dann muss bewusst geschaut werden, was habe ich richtig gemacht und darauf aufbauen.

Das ist auch ein Grund, warum es kein Inhaltsverzeichnis gibt. Erstens weiß ich ja nicht, in welcher Reihenfolge ich mich auskotze oder schauen Sie nach, was Sie in welcher Reihenfolge auf dem Klo auskotzen.

Wenn ich ehrlich sein soll und das bin ich immer, schreibe ich das Buch für mich als eine Art Therapie, um alles Belastende und Nervende dauerhaft loszulassen. Sollte sich Irgendjemand angegriffen fühlen, so ist dies nicht meine Absicht. Ich möchte die Menschen nur aus Ihrem Schlaf wecken.

Ich bitte aber darum, dass alles negative was bei mir rauskommt von Gott und den höheren Mächten in eine göttliche Energie transformiert wird. Ja, ich glaube an Gott und andere Wesen und bin nicht Geistes gestört. Normal möchte ich aber trotzdem nicht sein, weil ich nicht zu diesen von den Medien gemachten „Nicht selber denken Zombies" gehören will. Ich weiß, ich habe eine große Klappe, doch seien sie doch mal ehrlich und schauen sich um. Jeder führt gegen Jeden Krieg, ob Maschendrahtzaun oder der Baum schief ist. Auf fast allen Fernsehsendern Mord und Todschlag. Positive Sendungen gibt es kaum, weil sich das angeblich nicht rechnet.

Es ist doch von den meisten Regierungen auch so gewollt, damit Angst und nochmals Angst in die Menschen programmiert wird. So sind die Menschen besser zu kontrollieren. Ein „Angst – Mensch" lässt sich besser manipulieren. Menschen, die versuchen aus diesem System auszubrechen, bei denen wird gleich versucht sie nieder zu machen.

Ich habe die Schnauze voll, manipuliert zu werden, das habe ich lange genug mit mir machen lassen.

Wie sieht es bei Ihnen aus?

Können Sie machen was Sie wollen?

Ich rede hier nicht von kriminellen Sachen, sondern von dem was Ihnen und anderen gut tut. Aber leider denken die meisten Menschen noch negativ und daher bekommen sie auch immer mehr negatives.

Es wurde mal eine Studie gemacht, wo man 10 Jahre lang Menschen untersucht hat, die jeden Tag die Bild – Zeitung gelesen haben. Nach diesen 10 Jahren, waren diese Menschen so negativ und glaubten gar nicht mehr an das Gute in der Welt. Egal, was man sie fragte, es wurde zuerst immer ein negativer Gedanke herangezogen, um diese Fragen zu beantworten. Ich möchte dazu sagen, das es nichts mit der Bild – Zeitung zu tun hat, es sind im Allgemeinen alle Tageszeitungen, die sich darum reißen, Skandale, Überfälle usw. zuerst zu bringen und wenn sie nur was Negatives erfinden.

Aber, was ist mit den vielen schönen, guten und positiven Dingen. Das kann man für den Leser auch fesselnd schreiben.

Das Gleiche gilt auch für das Internet und Fernsehen. Beim Internet kann man sich in der Regel ja noch aussuchen, was man sehen will.

Das Fernsehen ist die größte Menschen – Manipulations-Maschine, weil hier gezielt mit subliminalen Botschaften/Informationen gearbeitet wird.

Was sind subliminale Botschaften?

Das sind Informationen, die für das normale Auge nicht sichtbar sind sowie Informationen, die nur von Ihrem Unterbewusstsein wahrgenommen werden.

Ein Beispiel, wie es früher und teilweise noch gemacht wird, ist der Trick mit dem Popkorn im Kino. Viele kaufen es, weil es gemütlich ist, aber viele kaufen, weil in den Filmszenen Popkorn eingeblendet wird, was für das normale Auge nicht sichtbar ist, jedoch unser Unterbewusstsein nimmt es wahr.

Auf einmal sagen Sie, irgendwie habe ich auch Lust auf Popkorn. Natürlich kommt dann auch noch der schöne Geruch dazu.

Heute wird es in der Regel professionell gemacht, wie in den Supermärkten. In den Supermärkten läuft im

Allgemeinen immer eine ruhige Hintergrund Musik, in welchen ebenfalls Kaufbotschaften eingebaut sind.

Ich denke, es ist Ihnen auch aufgefallen, das Sie eigentlich nur Ein oder Zwei Teile kaufen wollten und an der Kasse haben Sie bestimmt mehr im Einkaufswagen gehabt oder?

80 Prozent oder mehr der Menschen fallen auf die „Billig Einkaufmasche" herein und wundern sich, dass Ihr Geld immer fort ist. Ich kaufe lieber „clever" als billig. Wenn ich versuche Menschen über kostenlose Informationsveranstaltungen diese Art des Einkaufens näher zu bringen und zeige, wie Sie mit dem eigenen Einkauf viel Geld verdienen können, kommt sofort eine Abwehrhaltung. „Nee Nee, so einen Blödsinn mache ich nicht", obwohl das

Gezeigte logisch, legal und von bereits von mehreren Millionen Menschen vorgemacht wird.

Aber die Menschen sind so manipulativ gesteuert, dass Sie das wirklich Gute als schlecht ansehen. So etwas ist frustrierend und aber auch erschreckend.

Wo von spreche ich? Ich Spreche hier vom Network – Marketing in Form eines Verbrauchernetzwerkes.

Ich habe für Sie hunderte von Unternehmen ausprobiert und das wirklich Beste heraus gesucht um damit vielen zu helfen. Wichtig, war für mich die Sicherheit des Unternehmens und vor allem, das es wirklich jeder machen kann.

Doch wer keine Hilfe möchte oder zu Stolz ist, wird später zu den Menschen gehören, die über alles

meckern und glauben alles besser zu wissen.
Ich kann Ihnen nur sagen, dass Sie mit Ihrem Denken genau da sind, wo Sie jetzt sind. Sie erschaffen mit Ihrem Denken alles in Ihrem Leben selber.
Wie Sie alles erreichen können, ist Ihre Art von Denken genau zu beobachten, also auf gute Gedanken zu achten im Zusammenhang mit der Dankbarkeit. Leider ist die wirkliche Dankbarkeit bei den meisten Menschen verloren gegangen, es geht immer nur Ich, Ich, und noch mal Ich. Jammern, Jammern, Jammern.
Wie Sie selber daraus kommen ist, wenn Sie einer der folgenden 5 Bibelstellen wirklich verstehen.

Matthäus 13,12; Denn wer da hat, dem wird gegeben, und er wird Überfluss haben; wer aber nicht hat, von dem wird selbst, was er hat, genommen werden

Matthäus 25,29; Denn jedem der hat, wird gegeben werden und er wird Überfluss haben; von dem aber der nicht hat, von dem wird selbst, was er hat, weggenommen werden.

Markus 4,25; Denn wer Irgend hat, dem wird gegeben werden; und wer nicht hat, von dem wird selbst, was er hat genommen werden

Lukas 8,18; Sehet nun zu wie ihr höret, denn wer Irgend hat, dem wird gegeben werden, und wer Irgend nicht hat, von dem wird selbst was er zu haben scheint genommen werden.

Lukas 19,26; Denn ich sage Euch; Jedem der da hat, wird

gegeben werden; von dem aber der nicht hat, von dem wird selbst, was er hat,
weggenommen werden.

Jetzt höre ich gleich wieder die Läster- Menschen, geh mir nicht auf den Sack, ich habe mit Kirche nichts am Hut.
Gut, ich habe auch Bibel geschrieben und nicht Kirche. Wenn ich zu Gott bete brauche ich keine Kirche. Die Kirche hat für viele Menschen den Weg zu Gott kaputt gemacht, weil einige Kirchen (eigentlich alle) und Glaubensrichtungen die Bibel missbraucht und verändert haben. Die Bibel ist älter als die meisten Menschen glauben. Alles was in der Original Bibel steht, stand auch schon in den Schriften vor Christi Geburt.
Jesus und die anderen Propheten haben nur versucht, den

Menschen das vorhandene Wissen erneut zu geben. Die Bibel ist nur eine Zusammenfassung und Ergänzung zu den Schriften vor der Bibel. Noch etwas sehr wichtiges, warum geht die Bibel oder das was drin steht, nur bis kurz nach der Auferstehung? Jesus soll zwischen 31 und 33 Jahre alt geworden sein. Doch, was einem normalen Menschen zum nachdenken bringen sollte, ist die Tatsache, das Jesus noch 50 Jahre nach der Auferstehung

gelebt haben soll. Wo stehen diese Taten niedergeschrieben? Komisch, alles verschwunden oder? Sie denken, ich ticke nicht richtig, das soll ich erst einmal beweisen. Kann ich nicht, dazu fehlt mir zurzeit die Macht. Ich weis es und viele andere Menschen auch.

Sie können ja selber mal nachforschen, ob das, was in der Bibel steht doch schon viel älter ist. Ja ich möchte Sie mal anregen, ein paar Sachen selber zu hinterfragen und ins tun kommen.

Was Sie bei dem Lesen der Bibel beachten sollten ist, dass diese erstens bewusst gefälscht wurde und dann bei den Übersetzungen weiter verfälscht wurde. Das ist der katholischen und den anderen Kirchen bekannt und trotzdem wird in der Kirche weiterhin die Unwahrheit gepredigt. Um die Menschen besser und leichter zu lenken, sollen Sie folgende Bilder übernehmen:

„ Sei fügsam wie ein Lamm, verneige Dich vor deinem Verfolger, gib dich in die Hände dessen, der dir Unrecht zufügen will, wenn dich einer schlägt, halte auch die andere Wange hin"

Ist es nicht genial, die Menschen so zu programmieren?

Unter der Herrschaft Kaiser Konstantin wurde um das Jahr 350 auf sein Betreiben hin bewusst und vorsätzlich viele Mystifizierungen, die darauf abzielten, die wahre Botschaft der Evangelien zu entstellen eingeführt. Als das neue Testament nieder geschrieben wurde, wurde eine unüberschaubare Menge falscher Erzählungen vorgenommen. Die Originale wurden durch Fälschungen ersetzt. Auch wurden alle Evangelien von Frauen komplett entfernt, um den Frauen die Macht zu nehmen. Das ist bis heute noch so, dass Frauen oft in höheren Positionen nicht gerne gesehen werden. Auch wenn ich ein Mann bin, schreibe ich den Grund dafür. Damals wie Heute sind Frauen durch Ihre

Intuition und der Fähigkeit mit inneren Bildern besser zu arbeiten, dem Mann überlegen. Aus den Evangelien der Frauen geht eindeutig hervor, dass Ihr Gott nicht im Außen suchen sollt. Gott ist in Euch und überall, denn er IST einfach.

Zum Thema Politik wollte ich eigentlich gar nichts auskotzen, aber es muss sein. Wie schon gesagt, darf man in

Deutschland und vielen anderen Ländern nicht die

Wahrheit sagen. Sicher ist es empfehlenswert, dass es in jedem Land eine Regierung gibt, die alles koordiniert. Leider ist ein Großteil der höheren Politiker gar nicht an dem Wohl des Volkes interessiert. Es geht viel mehr um Profit und Selbstdarstellung,

wobei die Menschen oft nur Marionetten sind. Nur mal ein Beispiel aus meinen Erfahrung-

en. Ich habe mal in einer Stadt, wo ich gewohnt habe, mit den verantwortlichen Politikern gesprochen und Ihnen erklären wollen, wie man in einer kleinen Stadt, in einem Jahr ca. 100 Arbeitsplätze schaffen könnte und diese Menschen würden in der Regel
nie wieder auf einen so genannten Hartz IV Satz kommen, da sie es selber in der Hand haben. Im folgenden Jahr könnten es dann schon zwei- bis drei Hundert und mehr sein.
So etwas würde Sie nicht interessieren genauer gesagt, waren sie nicht einmal bereit bzw. haben sich nicht einmal die Zeit genommen das Konzept anzusehen (Es ist besser im Kleinen anzufangen, als gar nichts zu tun). Warum weiß ich, dass es funktioniert? Ganz einfach, ich hatte selber Hartz IV.

Als ich damals zur ARGE ging, um mich mit diesem Konzept selbständig zu machen, bekam ich von dem ARGE Mitarbeiter die Antwort: „Herr Arning, wir verbieten Ihnen, das Sie sich selbständig machen". Darauf hin bin ich aufgestanden und habe eine Beschwerde über dieses Verhalten eingereicht. Nach ca. einer Woche erhielt ich einen Anruf, indem mir mitgeteilt wurde, dass Sie meine Beschwerde nicht annehmen werden. Ich solle froh sein, das ich Geld von Ihnen bekomme.
Leider geht es vielen Menschen so. Menschen, die gerne etwas tun wollen, wird von den Behörden oder der Regierung ein Knüppel zwischen die Beine geworfen und ein Riegel davor geschoben. Ja, es wird bewusst versucht die Menschen klein zu Halten.

In meiner Praxis habe Ich viele gehabt, die bei Behörden gearbeitet haben und damit nicht mehr zu recht kamen.
Warum?
Wieder nur mal zwei Beispiele.
Ein Angestellter (Beamter) war bei einem Jobcenter/ARGE verboten worden während der Arbeit zu lachen. Gibt es nicht, denken Sie? Leider doch.
Oder ein weiterer Angestellter eines Jobcenters, gab sein eigenes Brot einem hungrigen kleinem Mädchen. Daraufhin wurde er entlassen, da diese Nähe zu Kunden, Menschen nicht erlaubt sei und eventuell
zu weiteren Bevorzugungen führen könnte.
Solche Menschen müssen Emotional wieder aufgebaut werden. Es werden bewusst keine Namen genannt, da ich eine Verschwiegenheitspflicht habe.

Ein weiters Thema, das mich ankotzt, ist die Verarschung von allen Regierungen. Ich weiß, komischer Übergang oder?
Ich kotz mich halt aus.
Als ich vor mehr als 20 Jahren mein erstes so genanntes Ufo gesehen habe, hat mir niemand geglaubt.
Mein Kollege, mein Bruder und ich sind dem Ding hinterher gefahren mit mehr als 180 Kmh über die Autobahn. Wir waren bis auf 300 Meter Luftlinie dran (Hammer Teil).Dann raste es super schnell weg.
Am darauf folgenden Montag wurde davon berichtet, dass es sich um einen Werbegag handelte und es ein beleuchtetes Zeppelin war.
Ja, Ja, Samstag 23 Uhr, wer es glaubt (War wohl das schnellste Zeppelin der Welt?). Damit war die Sache wieder erledigt.

Nur, wenn man das so wie ich klar gesehen hat und dann ich benutze das Wort noch mal, einfach verarscht wird, weckt das natürlich Neugier.

So ergeht es vielen, die Beobachtungen dieser Art gemacht haben, sie werden einfach abgebügelt und „die Nicht selber denken Zombies" nehmen alles so hin.

Nachdem jetzt mehr als 20 Jahre vergangen sind, habe ich viel in Erfahrung bringen können. Über das Internet, eigene Beobachtungen und nicht öffentlichen Büchern von ehemaligen Mitarbeitern der NASA, wo vermutlich die richtige Wahrheit enthalten ist.

Ich gebe Ihnen mal einen Tipp, informieren Sie sich doch einmal über die Galaktische Föderation.

Sie denken, alles Humbug? Ok! Ihre Entscheidung.

Die hier genannte Galaktische Föderation soll aus mehr als 200.000 Sternen Nationen bestehen, die alle zur raumfahrenden Zivilisation gehören sollen.

Ca. 50 Prozent sollen humanoid also menschlich sein. Die Anderen Frosch, Reptil, Pferd oder ganz anders aussehen.

Humanoide Wesen gibt es zum Beispiel bei der Sirianischen Sternennation. Sirius A und Sirius B. Auf Sirius A sollen die Wesen mehr Löwen oder Katzenartige Gesichter haben.

Weiter Bekannte Sirianer sind zum Beispiel die Hyperboreaner, die Lemurianer, die Atlanter und die Arianni.

Ähnliches gilt auch für die Pegasus Sternenliga, Andromdanische oder Procyon Sternennation sowie die Arcturianische Föderation.

Am Bekanntesten sind wohl die Annunaki (In der Bibel werden sie als Nefilim bezeichnet). Die Annunaki sollen die Schöpfer der Menschen sein. Sie haben auf der Erde angeblich aus dem früheren Homo erectus durch Genmanipulation die menschliche Rasse geschaffen. Ob so etwas stimmt kann niemand sagen, aber es würde den Evolutionssprung und vieles mehr erklären.

Den meisten Menschen sind durch Verfilmung die Zetas bzw. Zeta Reticuli bekannt, die kleinen Grauen (Rosewell).

Viel mehr möchte ich jetzt auch nicht schreiben, da Sie mein ausgekotztes vermutlich als Hirngespinst abtun. Ich weiß, dass Sie kein Wort davon glauben, dafür hat die Regierung schon gesorgt, durch die Spielfilme.

In den Spielfilmen wird oft bewusst die Wahrheit gezeigt, sei es bei Stargate oder Akte X.

Dadurch ist das ganze leicht geworden, Menschen wie mich einfach als Spinner zu bezeichnen. Bei Akte X sind ca. 90 Prozent der Fälle echt und durch den Fernseher oder Kino werden sie unecht, den nun ist es leicht zu sagen:" Das ist doch nur ein Film".

Faszinierend oder?

Sie verfilmen die Wahrheit und es wird nur noch ein Film und nicht die Realität.

Was ist denn noch auskotzenswert?

Ist die Erde ein Planet der Rotiert oder doch mehr Flach? Viele Verschwörungstheoretiker sind fest der Meinung, dass unsere Erde Flach ist und der Weltraum anders ist, als es uns die Medien weiß machen wollen. Es gibt Bücher, aber auch eine Menge Videos im Internet, welche dies Beweisen sollen. Wieso berichten Astronauten, dass unser „Planet" Erde sich nicht dreht und Flach ist?

Sind das Spinner? Nein, dass sind Menschen, die nicht alles glauben, was gesagt wird und auch mal eine angebliche Wahrheit in Frage stellen. Meine aktuelle persönliche Meinung ist, dass unsere Erde eine Kugel ist, aber ob das Wahr ist weiß ich ja auch nicht.

Was ist überhaupt Wahr?

Wir werden doch belogen, wo es nur geht.
Habt Ihr gehört:" Eure Renten sind sicher". Ha, ha ha.
Krebs ist oft nicht Heilbar.
Ja, das ist, wenn Sie der Schulmedizin vertrauen. Die Schulmedizin ist super und hat auch schon sehr vielen Menschen das Leben gerettet. Also in Notfällen ist sie unabdingbar.
Bei allen anderen Erkrankungen ist sie nicht wirklich zu gebrauchen. Das hat nichts mit der Qualität der Ärzte zu tun. Jeder Mensch, der sich entscheidet Arzt zu werden, will wirklich den Menschen helfen.
Doch, das Hauptproblem ist, dass es den Ärzten nicht erlaubt ist die Menschen zu heilen.
Ihre Aufgabe ist es, die Menschen auf einem bestimmten Level Krank zu halten oder sogar Krank zu machen, indem Normwerte

herabgesetzt oder eingeführt werden, die eigentlich keinen Sinn machen. Ziel ist es dauerhaft Medikamente zu Verkaufen. Zum Glück wollen da nicht mehr alle Ärzte mitspielen. Gerne wird versucht diese Ärzte als lächerlich darzustellen oder zu eliminieren.

Ich war selber vor 16 Jahren Halbseiten gelähmt und habe mich dann der alternativen Medizin geöffnet und bin wieder gesund geworden. Auch hier wurde ich zum Psychiater geschickt, da ich mich der Schulmedizin verweigerte. Da ich zu diesem Zeitpunkt noch Soldat war, musste ich den Befehl zum Psychiater befolgen.

Heute arbeite ich selber als Heiler. Huch, das darf ich ja gar nicht so sagen. Ich gebe das Wissen, wo ich weiß, dass es hilft gerne weiter.

Und ich suche auch immer weiter, was den Menschen gesundheitlich und finanziell hilft und zeige auch einen Weg, wie Jeder aus dem Hamsterrad aussteigen kann. Das, was ich zeige, wird in den Medien verteufelt, weil es den Menschen frei und unabhängig machen würde. Diese Menschen wären nicht mehr durch Angst manipulierbar. Hast Du mehr Geld, kannst Du mehr für Deine Gesundheit und unsere Erde tun.
Es ist ein schönes Gefühl, Anderen zu helfen und erschreckend zu sehen, wie die Regierungen, Firmen, Konzerne oder wer weiß wer dahinter steckt, es einfach verbieten wollen. Wenn ich schön höre: „ Sie dürfen Ihren Patienten keine Hoffnung geben", dann könnte ich, wie das Buch sagt: "kotzen"
Hoffnung ist eine starke Heilkraft.

Einer meiner ersten schockierenden Fälle, war eine Frau in meiner Praxis, die in einem Pharmakonzern gearbeitet hat. Ihre Tochter war an Diabetes erkrankt und wusste aus Ihrer Firma, dass es eine so genannte drei Spritzen-Kur gibt um Diabetes Typ 1 und Typ 2 zu heilen. Ja, sie lesen richtig, zu heilen.

Es wurde Ihr aber Verboten, dass die Wirkung zu gut war. Mittlerweile gab es diese Kur nie.

Ich konnte der Mutter aus dem Emotionalen Tief helfen. Sie hat Ihrer Tochter mit alternativen Methoden helfen können.

Ich arbeite jetzt seit mehr als 15 Jahren im Bereich alternativer und spiritueller Medizin. Aus meiner Sicht ist jeder Krankheit heilbar, aber nicht jeder Mensche. Bin ich Perfekt? Nein, ich kann sehr vieles noch nicht, aber,

wenn ich einen Patienten habe, wo ich nicht weiter komme, suche ich Gemeinsam nach einem anderen Heiler oder Heilerin, welche im Bewusstsein weiter sind als ich.
Sie können aber selber entscheiden, was Sie wollen. Möchten Sie so weiter machen, so wie bisher und alles glauben, was uns erzählt wird. Das ist OK! aber jammern Sie später nicht und geben anderen die Schuld.
Merken Sie, was nach dem Auskotzen passiert?
Es geht einem langsam besser und auf einmal kann man wieder klarer sehen. Und wenn Sie die andere Wahrheit erkennen, erkennen Sie, dass Sie der Schöpfer Ihrer eigenen Zukunft sind. Ändern Sie Ihr Denken und Ihre Wortwahl beim Sprechen. Denken Sie nicht nur positiv, sondern sprechen Sie auch

positiv. Dann fangen sie auch an positiv zu handeln und Sie werden positives erhalten. Wenn Sie ein angeblich unlösbares Problem haben, sei es gesundheitlich, beruflich oder finanziell, machen Sie aus dem Problem ein Ziel. Das ist der erste Schritt um jedes Problem aufzulösen. Jedes (Pro)blem dient dem eigenen Wachstum. Pro = dafür
Problem = Für mich zum wachsen
Also, wenn Sie wachsen wollen, hören Sie auf zu jammern oder alles besser wissen zu wollen. Denn der, der Glaubt er weiß alles, weiß eigentlich gar nichts. Der, der weiß, dass er nicht alles weiß, ist im Wachstum. Sei immer Lehrer und Schüler zugleich. Deshalb zeige ich den Menschen, wie sie mit einem einfachen System dauerhaft Geld verdienen können und helfe beim

Gesund werden soweit ich kann. Dort wo aktuell noch meine Grenzen (Denkgrenzen) sind, finden wir eine Lösung.

Ich möchte dieses kleine Buch glücklich ausgekotzt beenden mit meinem Lieblingssatz:

Erfolg entsteht, dort weiter zu machen, wo andere aufgeben.

38

Bücher, die Ihr Leben weiter verbessern können

Uwe Arning: Hoffnung Wege zum gesunden Leben
ISBN: 978-3-837-01521-8

Uwe Arning: Endlich wieder glücklich und gesund!
ISBN: 978-3-8391-1337-0

Uwe Arning: Endlich erfolgreich im Network-Marketing durch Klopfakupunktur
ISBN: 978-3-839-19172-9

Uwe Arning: Die Arning-Methode
Das Geheimnis von Afformatiion und Klopftechnik
ISBN: 978-3-868-58880-4

Uwe Arning: Network-Marketing (Empfehlungsmarketing) Mensch(en) für Mensch(en), Gemeinsam statt einsam

Leonard Coldwell:
Instinktbasierte Medizin®: Wie Sie Ihre Krankheit ... und Ihren Arzt überleben!
ISBN: 978-9088791253

Leonard Coldwell:
Mit Gesundheit zum Erfolg: Das Selbsthilfeprogramm für Streßresistenz und Leistungsfähigkeit
ISBN: 978-3322943934

Leonard Coldwell:
Power für Verkaufs-Champions: Wie Sie jede Hürde selbstbewusst meistern
ISBN: 978-3663058731
Leonard Coldwell:

Stress - die Hauptursache aller Krankheiten: und die einzige Antwort darauf
ISBN-13: 978-9088791239

Leonard Coldwell:
Endlich! Abschied von Ihrer Krankheit
ISBN: 978-3886860401

Leonard Coldwell:
Sie sind für den Erfolg geboren.
Als PDF zu beziehen

Uwe Albrecht:
Ein Kurs im Heilen: Energetische Medizin
für uns alle
ISBN: 978-3548745879

Uwe Albrecht:
Inner Wise Heilapotheke: Werde Dein eigener Heiler
ISBN: 978-3793422129

Karma Singh:
Die Anatomie des Glücks
ISBN: 978-3981326284

MD Duke Johnsen:
Die optimale Gesundheit. Ein revolutionärer Ansatz
ISNB: 978-1935251644

Uwe Arning:
Zwei unter einem Dach
Arning-Praxis,
Wellness für die Seele
_&_
Netzagentur für
nachhaltiges Einkommen

Heidreger Ring 38,
25436 Moorrege
_E-mail: arning_mkt@yahoo.de_
Internet: www.arning-praxis.de

Über den Autor

Uwe Arning wurde 1969 in Marl (NRW) geboren. Er ist bei seiner Großmutter aufgewachsen, nachdem sich die Eltern scheiden ließen. Heute hat er aber ein gutes Verhältnis zu seinen Eltern, welche sich auch gut verstehen. Nach der Ausbildung zum Kaufmann im Einzelhandel war Uwe Arning Soldat auf Zeit für 8 Jahre. In dieser Zeit hat er auch noch seinen Bürokaufmann gemacht. Kurz vor Ende seine Dienstzeit erkrankte Uwe an einer Halbseitenlähmung. Die Ursache laut Aussage der Ärzte Ideopathisch ist, also keine Ursache erkennbar. Trotzdem wollte man Ihn mit Medikamenten Vollstopfen. Diese Behandlung hat Uwe verweigert und hat das Krankenhaus auf eigene Verantwortung verlassen. Durch alternative Heilmethoden ist Uwe wieder gesund geworden. Durch die vielen Therapien war Uwe bis auf 35.000€ verschuldet. Heute ist er schuldenfrei, da er auch hier einen Weg gefunden hat, wie sich jeder ein alternatives Einkommen aufbauen kann. Mittlerweile ist er also wieder gesund und hat sich mit seiner Familie ein Haus gebaut mit viel Stress, da während des Hausbaus die Baufirma mit dem zu viel gezahltem Geld, abgehauen ist. Trotz Anwalt und Fernsehen, war dort nichts mehr zu holen. Als Heilpraktiker für den Bereich Psychotherapie hilft er heute Anderen als Therapeut und durch seine Bücher, gesundheitlich und finanziell in die Selbstheilung zu kommen. Er macht aber keine Heilversprechen oder Einkommensversprechen, da jeder in die Eigenverantwortung kommen muss.

Was wollen Sie in Ihrem Leben erreichen?

Schreiben Sie nur das auf, was Sie wollen, schreiben Sie nichts, was Sie nicht wollen

_____
_____
_____
_____
_____
_____
_____
_____
_____
_____
_____
_____
_____
_____
_____
_____
_____
_____
_____
_____
_____